# Das deskriptive Modell des Machthandelns, das Risikowahlmodell nach Atkinson und Motivation

Jonas Poré

**Bibliografische Information der Deutschen Nationalbibliothek:**

Die Deutsche Nationalbibliothek verzeichnet diese Publikation in der Deutschen Nationalbibliografie; detaillierte bibliografische Daten sind im Internet über http://dnb.d-nb.de abrufbar.

ISBN: 9783346519504
Dieses Buch ist auch als E-Book erhältlich.

Druck und Bindung: Books on Demand GmbH, Norderstedt Germany
Gedruckt auf säurefreiem Papier aus verantwortungsvollen Quellen

Das vorliegende Werk wurde sorgfältig erarbeitet. Dennoch übernehmen Autoren und Verlag für die Richtigkeit von Angaben, Hinweisen, Links und Ratschlägen sowie eventuelle Druckfehler keine Haftung.

Das Buch bei GRIN: https://www.grin.com/document/1140922

# Einsendeaufgabe - Sonderprüfung

**Alternative B**

abgegeben über den E-Campus am 22.08.2021

Modul:                                Allgemeine Psychologie

von

**Jonas Poré**

Studiengang: M. Sc. Wirtschaftspsychologie (Leadership & Management)

# Inhaltsverzeichnis

# Abbildungsverzeichnis

# 1. Aufgabe 1

## 1.1 Das deskriptive Modell des Machthandelns

Macht kann je nach Disziplin unterschiedlich definiert werden. Im Wesentlichen geht es darum, dass eine Person oder Organisation in der Lage ist, jemanden zu einer Handlung zu bewegen, die man sonst nicht ausführen würde. In der Literatur gibt es viele verschiedene Definitionen von Macht. Gemäß für diese Aufgabe gewählte Definition ist Macht „[...] eine bereichsspezifische, asymmetrische, dyadische Beziehung, die durch eine Gefällestruktur auf den Dimensionen soziale Kompetenz, Zugang zu Ressourcen und Statusposition charakterisiert ist und sich in einer einseitig verlaufenden Verhaltenskontrolle manifestiert" (Schmalt und Heckhausen, 2010, S. 213). Diese Asymmetrie, die zwischen dem Beeinflusser (im Folgenden A genannt) und der zu beeinflussenden Person (im Folgenden B genannt) herrscht, muss durch Machtquellen gegeben sein. Die Machtquellen, beziehungsweise Ressourcen, bilden dabei die Basis für die Machtausübung, um eine Verhaltenskontrolle zu erreichen (Schmalt und Heckhausen, 2010, S. 214). French und Raven (1959, S. 155-165) beschreiben fünf Quellen der Macht, die im Folgenden kurz vorgestellt werden:

Die Belohnungsmacht (*rewarded power*) hängt von der Erwartung von B ab, inwieweit A in der Lage ist, die Motive von B zu befriedigen und inwieweit A die gewährte Befriedigung von einem gewünschten Verhalten von B abhängig macht.

Die Zwangs- oder Bestrafungsmacht (*coercive power*) hängt von der Einschätzung von B ab, inwieweit A fähig ist, B für unerwünschte Handlungen durch Strafandrohung in dessen Handlungsspielraum einzuschränken.

Bei der legitimierten Macht (*legitimate power*) handelt es sich um internalisierte Normen von B, die ihm sagen, dass A berechtigt ist, das Einhalten von gewissen Verhalten zu überwachen und durchzusetzen.

Die Vorbildmacht (*referent power*) basiert auf dem Wunsch von B, so zu sein wie A und inwieweit sich B mit A identifizieren kann.

Die Expertenmacht (expert power) hängt von dem Ausmaß ab, inwieweit A Fertigkeiten, Fähigkeiten und Kenntnisse besitzt, die für B relevant sind.

Raven (1974) fügte die Informationsmacht (*informational power*) hinzu, die wirksam wird, wenn A etwas mitteilen kann, was B in solchem Maße reflektieren lässt, dass es eine Änderung im Verhalten von B zur Folge hat (Schmalt und Heckhausen, 2010, S. 214; Welte-Bardtholdt, 2015, S. 84).

Es ist daher für den Machtausübenden wichtig zu verstehen, welche Machtquellen zur Verfügung stehen und es muss die Bereitschaft bestehen, diese auch zu nutzen. Außerdem muss die Person, die beeinflusst werden soll, richtig eingeschätzt werden, damit die Wirksamkeit der Machtquellen korrekt bewertet werden können. Schließlich muss die Strategie für den Einsatz der Machtquellen gewählt werden, welche die beste Kosten-Nutzen-Relation aufweist. Die Kosten-Nutzen-Relation ist wichtig, da die Ausübung von Macht von A bei B Widerstand auslösen kann. Dieser Widerstand kann ebenfalls als Macht verstanden werden, welche wiederum von B auf A ausgeübt wird (Schmalt und Heckhausen, 2010, S. 216).

Das von Cartwright (1965) und Kipnis (1974) entwickelte deskriptive Modell des Machthandelns beleuchtet die einzelnen Schritte, die A bei der Beeinflussung von B durchläuft, welches im Folgenden erläutert wird. Dabei ist anzumerken, dass nicht alle Schritte zwingend so durchlaufen werden müssen (Welte-Bardtholdt, 2015, S. 85)

Das Modell beginnt damit, dass der Machtausübende eine inhärente Machtmotivation hat, andere zu beeinflussen (siehe Punkt 1) (Schmalt und Heckhausen, 2010, S. 217).

Dabei können die Gründe und Anlässe für die Motivation stark variieren. Vereint werden sie jedoch durch ein Gefühl von Stärke und Freude durch die besitzende Kontrolle. Sobald die Machtmotivation angeregt wurde, gibt die machtausübende Person der zu kontrollierenden Person zu erkennen, welches Verhalten erwartet wird. Das muss nicht explizit geschehen, sondern kann auch durch die Verbindlichkeit gemeinsam geteilter Normen und Verhaltensregulative in impliziter Weise geschehen. Handelt die zu beeinflussende Person wie gewünscht, so ist der machtmotivierte Handlungsablauf beendet. Es ist jedoch möglich, dass die Zielperson Widerstand gegenüber der machtausübenden Person erkennen lässt (siehe Punkt 2) (Schmalt und Heckhausen, 2010, S. 217).

Ist dies der Fall, so muss der Machtmotivierte die o.g. Machtquellen überprüfen, mit welcher die größte Aussicht auf Erfolg besteht. Dabei müssen die Motive und Machtquellen der Zielperson evaluiert und berücksichtigt werden. Je nach Kontext kann die zu verwendende Machtquelle von körperlicher Kraft, über Charisma, bis zu ökonomischen Sanktionen reichen (siehe Punkt 3) (Schmalt und Heckhausen, 2010, S. 217).

Das Zurückgreifen auf die eigenen Machtquellen kann wiederum mit Hemmungen verbunden sein. Beispiele solcher Hemmungen sind: Furcht vor Gegenmacht, rivalisierende Werte, zu geringes Selbstvertrauen oder nachträgliche Kosten der Machtausübung (siehe Punkt 4) (Schmalt und Heckhausen, 2010, S. 217).

Sind die Hemmungen überwunden, werden verschiedene Mittel genutzt, die den Macht-quellen entsprechen, aber auch teils von der Situationswahrnehmung des Machtaus-übenden und teils vom individuellen Widerstand des zu Beeinflussenden abhängen kön-nen. Meist wird auf entsprechende Verhaltensroutinen zurückgegriffen, die situationsan-gemessen sind. Sollte diese Verhaltensroutine auf Widerstand treffen, so löst dies eine Reflexion aus und kann zu einer Verschärfung der Handlung führen.

Ist der zu beeinflussende Kreis eine größere Personengruppe und dazu anonym, so ver-schärfen sich die Einflussmittel. Sind die machtausübenden Personen eher schwach und kommen in Führungspositionen, so werden diese institutionelle Machtquellen nutzen und auf Einflussnahmen wie überreden und überzeugen nicht zurückgreifen (siehe Punkt 5) (Schmalt und Heckhausen, 2010, S. 217 - 218).

Die Reaktion der Zielperson hängt nun wiederum von ihren Machtquellen und Motiven ab. Handelt die Zielperson entsprechend den Wünschen des Machtausübenden, so kann sich dies unterschiedlich äußern. Von äußerer Gefügigkeit aber innerlichem Groll, über äußerlich mürrisch nachgeben aber innerlich der Beeinflussung zustimmen, bis zum Gewinnen von Respekt für den Machtausübenden oder dem Verlieren der Selbst-achtung (siehe Punkt 6) (Schmalt und Heckhausen, 2010, S. 218).

Für den Machthandelnden hat die Ausübung von Macht ebenfalls Auswirkungen. Es ist für die Person wichtig in der Interaktion mit den zu beeinflussenden Personen, mächtig und stark zu wirken, sowie ein realisiertes Gefühl der Kontrolle zu haben. Dies resultiert in einen Anstieg der Selbstachtung, der gewonnenen Ressourcen und des Status.
Das Bild der beeinflussten Person kann sich dahingehend ändern, dass man eine gerin-gere Meinung von dieser hat und man ihr mehr Abhängigkeit zuschreibt (siehe Punkt 7).

Abbildung 1 illustriert das deskriptive Modell des Machthandelns mit den einzelnen be-schriebenen Punkten.

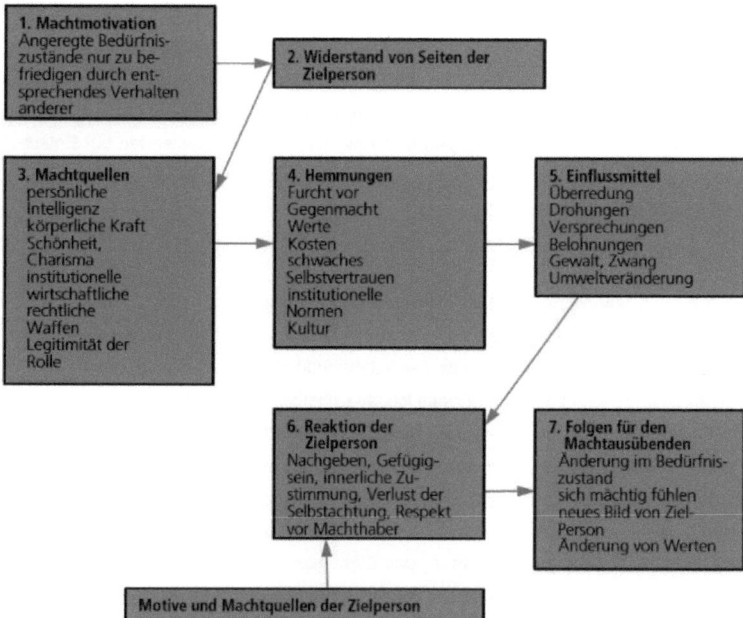

Abbildung 1: Deskriptives Modell des Machthandelns. (Erweitert nach Kipnis, D.: 1974, S. 89)

(Quelle: Welte-Bartholdt, 2015, S. 85 in Anlehnung an Schmalt, H.-D. & Heckhausen, H.: 2010, S. 217)

## 1.2    Ausgeprägtes Machtmotiv bei Führungskräften

Ist man intuitiv der Meinung, dass Leistung als Motivationsmotiv, sowie der Wunsch, kontinuierlich Entwicklungs- und Optimierungsmöglichkeiten zu erlangen, als Kennzeichen von Personen in Managementpositionen sind, so irrt man. Personen des Managements müssen vor allem Personen anleiten und lenken können. Genau in diesem Feld liegt die Stärke von machtmotivierten Personen. Im Gegensatz dazu konzentrieren sich Leistungsmotivierte oft zu sehr auf Aufgabenoptimierung und Detailfragen, anstatt Personenorientierung ins Zentrum des Handelns zu legen (Brandstätter, Schüler, Puca und Lozo, 2013, S. 64). Wird das Machtmotiv mit einer stark ausgeprägten Inhibitionstendenz kombiniert, so hat dies positive Auswirkung auf die Führungskraft und die Art der Führung. Die Inhibitionstendenz, also die Hemmung die Macht stark auszuspielen, kanalisiert die Ausübung in sozial akzeptabler Weise. So sind machtmotivierte Akteure durch beispielsweise überzeugende Kommunikation erfolgreich (Schmalt und Heckhausen 2010, S. 219).

Auch wenn Assoziationen zwischen dem Machtmotiv und Führungspositionen bestehen, so existieren auch Nachteile bei machtmotivierten Führungspositionen. Sie sind anfällig, wenn Mitarbeitende versuchen die Beurteilung der eigenen Arbeitsleistung durch Schmeicheleien zu verbessern. Außerdem neigen sie dazu in Gruppendiskussionen weniger Sachinformationen beizutragen und Ansichten von Mitarbeitenden bei Entscheidungsfindungen weniger bis gar nicht zu berücksichtigen (Welte-Bardtholdt, 2015, S. 89; Brandstätter et.al., 2013, S. 65).

### 1.3 Auswirkung auf die Führungskräfteentwicklung

Bei machtmotivierten Personen sind vier verschiedene Stadien erkennbar, die aufeinander aufbauen. Das erste Stadium ist das anlehnende Machtstadium. Dabei wird die Person durch andere gestärkt. Das Zweite ist das selbstbezogene Machtstreben. Dabei wird die Quelle der Macht auf sich selbst verlagert. Man wird nicht mehr von einer anderen Person gestärkt, sondern man stärkt sich selbst. Das dritte Stadium ist das personalisierte Machtstreben, wobei man nun nicht mehr selbst das Objekt der Macht ist. In diesem Stadium zählt der Einfluss auf andere. Das letzte Stadium ist das sozialisierte Machtstreben. Dabei geht es darum, das Eigeninteresse zu Gunsten einer Sache zurückzustellen und andere von dieser Sache zu überzeugen. Dieses ist das erwünschte Stadium bei machtmotivierten Führungskräften (Welte-Bardtholdt, 2015, S. 87).

Außerdem kann generell konstatiert werden, dass eine gute interne Kommunikation der Schlüssel für gute Beziehungen in einer Unternehmung ist. Diese guten Beziehungen schlagen sich in einer positiven Atmosphäre nieder, die wiederum in Kreativität und Enthusiasmus gipfeln (Hadžić, Nedeljković, Nikolić, Terek und Vukonjanski, 2012). Darüber hinaus wirkt sich dies in positiver Weise auf das Teamwork der Mitarbeitenden aus (Gmitrović und Stevanović, 2015). Führungspersonen sollten dabei mit gutem Beispiel vorausgehen. Wie oben bereits beschrieben, muss somit die Inhibitionstendenz gefördert werden, damit die ausgespielte Macht sozial akzeptiert wird. Genau dies fördert erfolgreiche Kommunikation bei machtmotivierten Personen (Schmalt und Heckhausen 2010, S. 219).

Für die Führungskräfteentwicklung gilt daher, dass Nachwuchsführungskräfte zu einer sozialisierten Machtorientierung geführt werden sollen. Zieht man das o.g. deskriptive Modell für Machthandeln zu Hilfe, so sollte die Hemmung der Ausspielung von Macht (Punkt 4) immer dann getriggert werden, wenn durch die Ausübung von Macht Mitmenschen negativ beeinträchtigt werden. Schritt 5 wird dann durch empathisches Überzeugen und weniger durch Drohungen oder Zwang geprägt sein. Dabei sollte sehr früh darauf geachtet werden, dass Werte wie Rücksichtnahme, Fairness und Empathie vermittelt werden.

### 1.4 Auswirkung auf Mitarbeitende

Für Mitarbeitende, die eine machtmotivierte Führungskraft haben, gibt es eine Reihe von Dingen zu beachten. Für machtmotivierte Menschen sind Informationen, die machtrelevant sind, in der Wahrnehmung deutlich präsenter und rufen starke Reaktionen hervor (Brandstätter et. al., 2018, S, 71). Für Personen, die nur gering machtmotiviert sind, kann dies schwer zu verstehen sein. So können Reaktionen nicht nachvollziehbar sein und sind daher im Vorfeld schwerer zu antizipieren. Darüber hinaus können Situationen von der machtmotivierten Führungskraft im Vergleich zu Mitarbeitenden unterschiedlich wahrgenommen werden. So können scheinbar harmlose Aussagen, die Angst des Machtverlusts bei der Führungskraft triggern und konstruktive Kritik wandelt sich zum persönlichen Angriff.

Betrachtet man das deskriptive Machtmodell, so haben Mitarbeitende die Chance aktiv zu werden. Bei Punkt 2 müssen Mitarbeitende entscheiden, ob und wie stark sie Widerstand gegenüber dem Machtausübenden zeigen. Dazu sollten die eigenen Ziele reflektiert werden. Sind die Wünsche des Machtausübenden stark konträr zu den eigenen Zielen, sollte stärkerer Widerstand gezeigt werden. Dabei hängt es von den Machtquellen der Mitarbeitenden ab, wie erfolgreich der Widerstand bei der machtausübenden Person ist. Wird beispielsweise mit Leistungs- bzw. Gehaltskürzungen gedroht, so können Mitarbeitende, die über Expertenmacht verfügen, diese bewusst einsetzen, um einer Gehaltskürzung zu entgehen. Es besteht die Gefahr, dass betroffene Mitarbeitende sonst zur Konkurrenz wechseln würden.

Generell empfiehlt sich, die eigenen Machtquellen, die einen Einfluss auf die machtmotivierte Person haben, auszubauen, ohne jedoch dabei als direkte Bedrohung wahrgenommen zu werden.

## 2. Aufgabe 2

Es ist für viele von Interesse, was für Mechanismen zu bestimmten Handlungen führen. Die Wert-Erwartungs-Theorien, welche zu den Prozesstheorien gezählt werden, beschäftigen sich mit genau diesen Mechanismen. Bei diesen formalen Theorien geht es konkret um die Frage, inwiefern Ziele und kognitive Bewertungen einen Einfluss auf die Arbeitsleistung haben (Welte-Bardtholdt, 2015, S. 57). Im Folgenden wird das Risikowahlmodell von Atkinson und das Valenz-Instrumentalitäts-Erwartungs-Modell (VIE-Modell) von Vroom vorgestellt und voneinander abgegrenzt.

### 2.1 Das Risikowahlmodell nach Atkinson

Das Risikowahlmodell von Atkinson (1957) versucht systematisch bei einer Wahlentscheidung unter Unsicherheit zu helfen. Das Modell will die Frage beantworten, welche Aufgabe eine Person wählen sollte, wenn verschiedene Aufgaben mit unterschiedlichen Schwierigkeiten zur Auswahl stehen (Brandstätter et. al., 2013, S. 30 - 31).

Laut Atkinson (1957, S. 359) werden drei Konstrukte zur Vorhersage benötigt, ob jemand eine leichte, herausfordernde oder überfordernde Aufgabe auswählt: das individuelle Leistungsmotiv, die subjektive Erwartung der Aufgabenbewältigung, sowie der Anreiz der Aufgabe (Welte-Bardthold, 2015, S. 59).

Das Leistungsmotiv kann zwischen dem Motiv Erfolg zu erzielen (Erfolgsmotiv) und dem Motiv Misserfolg zu vermeiden (Misserfolgsmotiv) unterschieden werden (Bak, 2019, S. 101).

Die subjektive Erwartung der Aufgabenbewältigung beschreibt Atkinson als eine individuell vermutete Wahrscheinlichkeit, eine Aufgabe erfolgreich abschließen zu können. Dabei beruht die Erwartung auf vergangener Lernerfahrungen. Allerdings sollte berücksichtigt werden, dass diese Erwartung zwar eine persönliche Präferenz, also einen dispositionalen Charakter besitzt, sich jedoch situativ ändern kann (Bak, 2019, S. 101). Die Erfolgswahrscheinlichkeit wird auf einer Skala von 0 – 1 definiert. 0 steht dabei für eine 100% Wahrscheinlichkeit auf Misserfolg, während die 1 für eine 100% Wahrscheinlichkeit für Erfolg steht (Welte-Bardthold, 2015, S. 60).

Der Anreiz, eine potenzielle Aufgabe erfolgreich lösen zu können, steigt mit zunehmender Schwierigkeit. Einfache Aufgaben zu bearbeiten, löst bei Menschen kein Gefühl des Stolzes aus, sondern wird eher als Belanglosigkeit deklariert. Zeitgleich könnte man befürchten, dass eine einfache Aufgabe nicht gelöst werden kann, was Scham auslösen würde. Bei dem Risikowahlmodell werden somit personale Faktoren, wie Lernerfahrungen und Motive, sowie Umweltfaktoren, wie die Schwierigkeit einer Aufgabe und deren Wechselwirkung, also der Anreiz, berücksichtigt (Bak, 2019, S. 101).

Eine Person, die eine Aufgabenauswahl treffen muss, hat, wie oben beschrieben, zwei Tendenzen. Zum einen die Tendenz einen Erfolg anzustreben und zum anderen Misserfolg zu vermeiden. Dies lässt sich formalisiert genauer beschreiben und lautet:

$$Tr = Te + Tm$$

*Tr* steht dabei für die resultierende Motivationstendenz und ergibt sich aus der Summe aus Te, was für die aufsuchende Erfolgstendenz steht und *Tm*, was die zu meidende Misserfolgstendenz darstellt (Brandstätter et.al., 2013, S. 32). Die Erfolgstendenz *Te* ergibt sich aus der Multiplikation von dem Erfolgsmotivs *Me*, der Erfolgswahrscheinlichkeit *We* und des Erfolgsanreizes *Ae (Te = Me x We x Ae)*. Die Misserfolgstendenz ergibt sich aus der Multiplikation des Misserfolgsmotivs *Mm*, der Misserfolgswahrscheinlichkeit *Wm* und des Misserfolgsanreizes *Am (Tm = Mm x Wm x Am)* (Welte-Bardthold, 2015, S. 60 - 61).

Aufgeschlüsselt lautet die Formel für die resultierende Motivationstendenz:

$$Tr = (Me \; x \; We \; x \; Ae) + (Mm \; x \; Wm \; x \; Am).$$

Zwar ist der Erfolg beim Lösen einer schweren Aufgabe ein größerer Anreiz als der Erfolg beim Lösen einer sehr leichte Aufgabe, so spielt dennoch das Motiv einer Person die ausschlaggebende Rolle, welche Aufgabe gewählt wird. Die Frage, ob man eher misserfolgsmeidend oder erfolgssuchend ist, steht im Zentrum der Betrachtung. Ist eine Person erfolgsmotiviert, so sind sie Leistungsaufgaben gegenüber grundsätzlich optimistisch eingestellt, wohingegen misserfolgsmotivierte Personen Ängste und Zweifel haben (Welte-Bardthold, 2015, S. 131). Entsprechend der Vorhersage des Risikowahlmodells, wählen erfolgsmotivierte Personen mittelschwierige Aufgaben, während misserfolgsmotivierte Personen eher ganz leichte oder ganz schwere Aufgaben wählen (Heckhausen und Heckhausen, 2010, S. 133). Grund dafür ist, dass erfolgsmotivierte Personen Aufgaben mittlerer Schwierigkeit als leistungsförderlichste Möglichkeit ansehen. Die Wahrscheinlichkeit auf Erfolg ist dabei genau richtig, um einen entsprechenden Anreiz wahrzunehmen, wobei zugleich erwartet wird, die Aufgabe auch erfolgreich abschließen zu können (Brandstetter et. al., 2013, S. 32).

Bei Misserfolgsmotivierten ist dies umgekehrt, weil Aufgaben mittlerer Schwierigkeit als Bedrohung wahrgenommen werden, da diese stark mit der individuellen Leistung zusammenhängen. Daher, wie oben beschrieben, werden entweder sehr schwierige oder leichte Aufgaben gewählt, da hierbei der geringste Zusammenhang mit der eigenen Leistung besteht. Es gilt dabei noch anzumerken, dass die Datenlage bei Erfolgsmotivierten als gesichert gilt, bei Misserfolgsmotivierte jedoch eine unsichere Datenlage vorherrscht (Brandstätter et. al., 2018, S. 40).

## 2.2 Das Valenz-Instrumentalitäts-Erwartungsmodell nach Vroom

Das Valenz-Instrumentalitäts-Erwartungsmodell nach Vroom (1964) gehört ebenfalls zu den Prozesstheorien. Bei der Auswahl verschiedener Handlungsalternativen werden drei Komponenten berücksichtigt: Ergebniserwartung, Instrumentalitätserwartung und Valenz.

Durch die Ergebniserwartung wird geschaut, wie hoch die subjektiv wahrgenommene Wahrscheinlichkeit ist, ein Ziel persönlich zu erreichen. Die Wahrscheinlichkeit des Erreichens liegt hier zwischen 0 und 1.

Mithilfe der Instrumentalität wird gemessen, inwiefern das Ergebnis der eigenen Anstrengungen wünschenswerte Konsequenzen nach sich zieht. Die Frage ist, ob es eine Person schaffen wird, mit dem Ergebnis der vollzogenen Handlung ein übergeordnetes Ziel zu erreichen und damit die gewählte Alternative ein adäquates Instrument ist. Allerdings kann eine vollzogene Handlung nicht nur positive Folgen haben. Diese Folgen haben eine Bewertung zwischen -1 und 1. Bei der Instrumentalität wird also zwischen der unmittelbaren positiven und negativen Auswirkung abgewogen. Dies Abwägung führt zur Valenz und damit dem Wert bzw. der Bewertung (Welte-Bardthold, 2015, S. 58; Heckhausen und Heckhausen, 2010, S. 138 -140).

Formalisiert kann dies folgendermaßen dargestellt werden:

*Motivation = Valenz x Instrumentalität x Erwartung* (Welte-Bardthold, 2015, S. 131).

Im Folgenden soll ein Beispiel das VIE-Modell verdeutlichen.

Ein Informatiker hat drei grundsätzliche Ziele, die individuell bewertet werden. Karriere zu machen (Wert=5), eine gute Work-Life-Balance zu haben (Wert=7) und eine interessante Tätigkeit auszuüben (Wert=10). Es stehen nun zwei Alternativen zur Auswahl: A: Ein neues Produkt zu entwickeln oder B ein bestehendes Produkt weiterzuentwickeln.

Auf die individuellen Ziele hat Alternative A folgende Bewertung: Karriere machen: 1, Ausübung interessanter Tätigkeit: 1, Work-Life-Balance: -0,6

*(5x1)+(10x1)+(-0,6x7)=10,8*

Alternative B ergibt folgende Bewertung: Karriere machen: 0,1, Ausübung interessanter Tätigkeit: 0,2, Work-Life-Balance: 2

*(0,1x5)+(1x7)+(0,2x10)=9,5*

Alternative A wird mit einer subjektiven Wahrscheinlichkeit von 0,6 bewertet. Alternative B wird, da es sich hierbei um eine Routineaufgabe handelt, mit der subjektiven Wahrscheinlichkeit von 1 bewertet.

Dadurch ergibt sich bei der Alternative A *10,8 x 0,6 = 6,48*

Und bei Alternative B *9,5 x 1 = 9,5*

Es wird davon ausgegangen, dass der Informatiker Alternative B, ein bestehendes Produkt weiterentwickeln, wählt. Abbildung 2 bildet das eben genannte Beispiel grafisch dar:

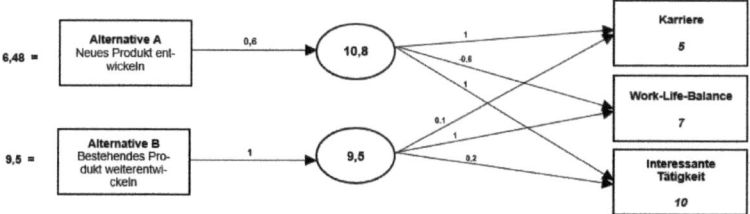

Abbildung 2: Anwendung des Valenz-Instrumentalitäts-Erwartungsmodell am Beispiel eines Informatikers

(Quelle: Eigene Darstellung)

### 2.3 Abgrenzung zwischen dem Risiko-Wahl-Modell und dem VIE-Modell

Bei beiden Modellen wählen Individuen unter der Annahme von Rationalität die Handlungsziele bewusst aus. Es sollen jene Handlungsalternativen gewählt werden, die den größten subjektiven Nutzen versprechen.

Der Unterschied zwischen dem VIE-Modell nach Vroom und dem Risiko-Wahl-Modell nach Atkinson besteht darin, dass Vroom verschiedenste Folgen betrachtet, während sich Atkinson auf die subjektive Erfolgseinschätzung konzentriert. Wird bei Atkinson die positive Selbstbewertung als ausschließlicher Wert betrachtet, so hat Vroom die subjektiv betrachteten Konsequenzen im Blick. Schlussfolgernd kann gesagt werden, dass das VIE-Modell nach Vroom extrinsische Anreize betrachtet und das Risiko-Wahl-Modell nach Atkinson intrinsischer Motivation zugrunde liegt (Brandstätter, o.D.).

Eine tiefergehende Analyse von extrinsischer und intrinsischer Motivation wird in Aufgabe 3 durchgeführt.

### 2.4 Anwendung des Risiko-Wahl-Modells am Beispiel der Einsendeaufgabe

Schließlich soll praktisch das Risiko-Wahl-Modell aufzeigen, warum ich mich als Prüfungsleistung für die Sondereinsendeaufgabe B entschieden habe. Dabei soll insbesondere auf die drei Konstrukte Leistungsmotiv, subjektive Aufgabenbewältigung und Anreiz eingegangen werden.

Für das Leistungsmotiv betrachte ich, ob ich eher eine Tendenz habe, Erfolg zu suchen oder Misserfolg zu meiden. Grundsätzlich versuche ich, Erfolg zu erzielen. Zwar ist Misserfolg ein unangenehmer Aspekt, doch dieser spielt für mich in der Regel eine untergeordnete Rolle, da ich nach Reflektion meist erkenne, dass aus Misserfolgen Lerneffekte resultieren. Darüber hinaus ist der Affekt des Stolzes und der Freude bei erfolgreichem Absolvieren von Aufgaben bei mir stark ausgeprägt, während sich Scham bei Scheitern in Grenzen hält. Daher kann ich bei mir klar die Tendenz erkennen, Erfolg zu suchen. Dieser Logik folgend müsste ich eine mittelschwere Aufgabe auswählen.

Betrachte ich die Aufgaben der Prüfungsleistung, so sortierte ich Alternative A direkt aus, da ich diese als relativ schwer erachtete. Diese Aufgabe zu lösen, würde einen zeitlichen Mehraufwand bedeuten, den ich momentan nicht aufbringen kann, da ich beruflich sehr stark eingespannt bin. Alternative C wäre einfach zu lösen, da ich das Thema Wahrnehmung, Selbstwirksamkeit und das Rubikon-Modell bereits in meinem Bachelorstudium hatte und als Tutor wirkte. Dadurch sah ich keinen größeren Lerngewinn in der Bearbeitung dieser Alternative. Die Themen der Alternative B hatte ich zwar ebenfalls im Bachelorstudium, jedoch wurden diese nur oberflächlich behandelt. So konnte ich bei der Bearbeitung dieser Alternative auf Grundlagen zurückgreifen und mich dennoch vertiefend weiterbilden. Die Bewertung der subjektiven Aufgabenbewältigung fiel damit wie folgt aus: Alternative A < Alternative B < Alternative C. Der Anreiz, Alternative C erfolgreich zu absolvieren, wäre damit zwar am größten, jedoch war hierbei die Gefahr zu groß, dass aufgrund mangelnder Zeit kein Erfolg verzeichnet werden kann. Alternative C wäre einfach zu lösen, allerdings würde nur sehr gering der Affekt Stolz bei erfolgreicher Bearbeitung der Aufgabe hervorgerufen werden. Daher wurde entsprechend dem Risiko-Wahl-Modell nach Atkinson Alternative B gewählt.

Würde ich eher die Tendenz aufweisen, misserfolgsmeidend zu sein, so müsste man die Argumentation umkehren. Alternative A wäre hierbei klar der Favorit gewesen, da diese Aufgabe am einfachsten zu lösen ist und somit die geringste Chance des Scheiterns besteht. Alternative C wäre ebenfalls eine adäquate wählbare Option gewesen, da sie die schwerste Alternative darstellt. Scheitert man bei dieser Aufgabe, so verbindet man dies weniger mit mangelnder Leistung und man kann die Schwierigkeit der Aufgabe hervorheben. Somit könnte die affektive Reaktion des Schams in nur geringem Maße auftreten. Die von mir gewählte Alternative B würde eine starke Verbindung zwischen mangelnder Leistung und dem eventuellen Scheitern erzeugen, wodurch diese Alternative am wenigsten präferiert wird.

# 3. Aufgabe 3

Motivation, aus dem Lateinischen stammend, bedeutet sich oder etwas bewegen. Doch woher kommt die Motivation, sich selbst oder andere zu Handlungen zu bewegen? Dafür gibt es zwei Möglichkeiten, die unter den Begriffen intrinsische und extrinsische Motivation bekannt sind (Brandstätter, 2013, S. 113). Im Folgenden soll intrinsische und extrinsische Motivation vorgestellt und voneinander unterschieden werden.

## 3.1 Intrinsische Motivation

Wird eine Tätigkeit um ihrer selbst willen und unbeachtet von äußeren Faktoren ausgeführt wird, so spricht man von intrinsischer Motivation. Dabei hat eine Person ein von innen kommendes Interesse, entsprechende Werte oder einfach Neugier eine Handlung zu vollziehen. Dabei wird von außen kein Steuerungsinstrument benötigt, um die Handlung mit Ausdauer und Freude auszuüben (Brandstätter et. al. S.113). Diese Form der Motivation ist eine Auswirkung des Verhaltens selbst. So kann eine Person während einer Aufgabe merken, dass sie kompetent ist (Kompetenzerleben), dass freie Entscheidungen während der Tätigkeit getroffen werden können (Autonomie) und die Tätigkeit an sich wichtig ist (Bedeutsamkeit). Diese Aspekte wirken stark intrinsisch motivierend (Becker, 2019, S.145).

## 3.2 Extrinsische Motivation

Dem gegenüber steht die extrinsische Motivation, bei der der Anreiz, eine Tätigkeit auszuüben, von außen kommt. Dementsprechend wird Verhalten, welches einen äußeren Nutzen und ein äußeres Ziel anstrebt, als extrinsisch motiviert verstanden. Die Handlung findet somit nicht als Selbstzweck statt (Hennecke und Brandstätter, 2016, S. 1). Somit kann festgehalten werden, dass äußere Faktoren, wie Bestrafungen oder Bewertungen, wie Noten, extrinsische Motivation anstoßen. Diese Form der Motivation steht in einem direkten Abhängigkeitsverhältnis zu den äußeren Steuerinstanzen. Somit erlischt die extrinsische Motivation und das damit einhergehende Verhalten, wenn die Kontrollinstrumente der äußeren Steuerinstanzen wegfallen (Welte-Bardtholdt, 2015, S. 107).

## 3.3 Organismische Integration

Deci und Ryan (1985) entwickelten die Selbstbestimmungstheorie, nach der intrinsische Motivation immer dann gegeben ist, wenn drei psychologische Grundbedürfnisse gegeben sind. Diese sind die Grundbedürfnisse nach Kompetenz, Autonomie und sozialer

Eingebundenheit. Von außen angeregte Motivation deklarieren sie als extrinsische Motivation, was wiederum unterteilbar ist, je nach Grad der Selbstbestimmung. Entsprechend der Theorie der organismischen Integration werden die Formen der extrinsischen Motivation, sowie die intrinsische Motivation auf einem Kontinuum der Selbstbestimmung angeordnet (Welte-Bardtholdt, 2015, S. 109). Die geringste Form der Selbstbestimmung beginnt mit der externalen Regulation, bei der das Verhalten durch äußere Bestrafung oder Belohnung reguliert wird. Anschließend kommt die introjizierte Regulation, bei der die Handlung durch Vermeidung von Angst oder Schuld hervorgerufen wird. Beide Formen werden als fremdbestimmt kontrolliert eingeordnet.

Die selbstbestimmten Formen beginnen mit der identifizierten Regulation, bei der das Handeln in Übereinstimmung mit den Werten und Idealen steht. Schließlich ist das Handeln bei der letzten Form, der integrierten Regulation, ein wichtiger Teil des Selbstkonzepts. Allerdings ließ sich in der Vergangenheit die integrierte Regulation nicht von der intrinsischen Motivation trennen, wodurch man diese Form bei Messungen oft wegließ (Brandstätter et. al., 2018, S. 115-116).

Je mehr die Selbstbestimmung abnimmt und in Richtung externalisierter Regulation wandert, desto stärker kommen negative Konsequenzen wie Depressivität zum Tragen. Umgekehrt erkennt man bei integrierter Regulation positive Effekte, wie ein allgemein positives Befinden oder Verhaltenspersistenz (Brandstätter et. al., 2018, S. 116). Daher sollten Arbeitgeber ein Interesse haben, dass sich Mitarbeitende zumindest im Bereich der identifizierten Regulation befinden.

Abbildung 3 verdeutlicht die Theorie der organismischen Integration.

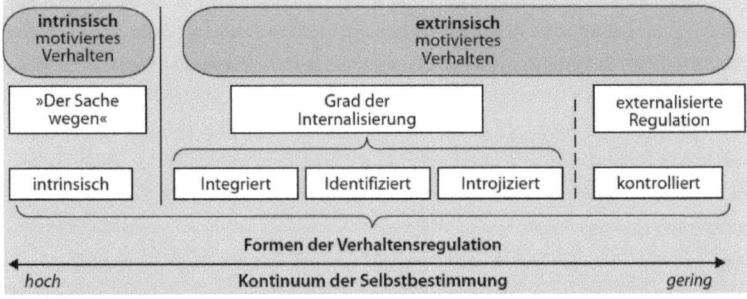

Abbildung 3: Das Kontinuum der Selbstbestimmung in der Theorie der organismischen Integration (nach Deci u. Ryan 1985)

(Quelle: Brandstätter et. Al., 2018, S. 115)

### 3.4 Verdrängungs- und Preiseffekt

Die Forschung hat sich in der Vergangenheit verstärkt mit der Wirkung extrinsischer Anreize auf die Motivation von Mitarbeitenden beschäftigt. Dabei ist der Verdrängungseffekt sowie der Preiseffekt von starker Bedeutung (Deci Ryan und Koestner, 1999; Frey
und Osterloh, 2000; 2005). In einer Meta-Analyse von 128 Studien untersuchten Deci,
Ryan und Koestner (1999) den Effekt von extrinsischen Anreizen auf die intrinsische
Motivation. Dabei wurde herausgefunden, dass extrinsische Anreize, wie Geld, die intrinsische Motivation verdrängen, wodurch die Gesamtmotivation nicht gesteigert wird. Bei
dem Verdrängungseffekt wird somit eine interessante Tätigkeit aufgrund der extrinsischen Anreize nicht mehr als solche erkannt. (Frey und Osterloh, 2005, S. 102). Der
Preiseffekt hingegen beschreibt die gesteigerte Arbeitsleistung durch extrinsische Motivation, welche durch extrinsische Anreize wie zum Beispiel durch Geld hervorgerufen
wird (Frey, 2000, S.71; Frey und Osterloh, 2005, S. 103). Weibelt, Rost und Osterloh
(2007, S. 1035) beschreiben diese gegenläufigen Effekte mit den Worten:

> *„Jeder externe Anreiz, der die Selbstbestimmung des Akteurs vermindert, verur-
> sacht gleichzeitig einen nicht beobachtbaren Preiseffekt (Stärkung des Einflus-
> ses der extrinsischen Motivation auf das Verhalten) und ein nicht beobachtbares
> ‚Crowding-out' (Minderung des Einflusses der intrinsischen Motivation auf das
> Verhalten). Das Umgekehrte gilt für Maßnahmen, die die Selbstbestimmung stär-
> ken. Diese erhöhen die Wirkung der intrinsischen Motivation und senken jene der
> extrinsischen Motivation. Die relative Stärke beider gegenläufiger Effekte ergibt
> den beobachtbaren Totaleffekt auf das Verhalten."*

### 3.5 Sinnhaftigkeit variabler Vergütungssysteme

Wie oben beschrieben können externe Anreize, wie eine variable Vergütung, unterstüt-
zend oder hemmend auf die Motivation wirken. Der Kontext der Arbeit ist jedoch aus-
schlaggebend, ob eine variable Vergütung Sinn ergibt oder nicht. Nach Meinung der
meisten Organisationsforschenden wirkt sich eine Vergütung leistungsvariabler Natur
meist dann positiv auf die Mitarbeiterleistung aus, wenn diese eine Tätigkeit ausüben,
die gut messbar, einfach beeinflussbar und vor allem eher langweilig ist. Als Beispiel
können hier einfach Akkordarbeiten wie das Stanzen des immer gleichen Werkstücks
am Fließband sein (Becker, 2019, S. 146; Weibel, Rost und Osterloh, 2010, S. 397).

Darüber hinaus schließen Weibel et. al. (2010) aus ihrer durchgeführten Meta-Analyse,
dass sich eine leistungsvariable Vergütung meist dann negativ auf die Mitarbeiterleistung auswirkt, wenn diese bei Mitarbeitenden angewandt wird, die eine interessante Tätigkeit ausüben und diese Tätigkeit intrinsisch motivierend wirkt. Darüber hinaus kann

eine variable Vergütung weitere negative Folgen mit sich ziehen. So haben extrinsisch motivierte Mitarbeitende eine höhere Gefahr auszubrennen, sie sind weniger zufrieden mit ihrer Arbeit und fühlen sich stärker gestresst (Kuvaas, Buch, Weibel, Dysvik und Nerstad, 2017, S. 253 -256). Außerdem kann der Söldnereffekt zum Tragen kommen, nach dem Mitarbeitende schneller bereit sind, zu einem anderen Arbeitgeber zu wechseln, wenn dort eine bessere Bezahlung angeboten wird (Burks, Carpenter und Goette, 2009, S. 466). Dadurch steigt die Fluktuation und implizites Wissen kann schnell verloren gehen. Da die Tätigkeiten in der Arbeitswelt zunehmend komplexer werden und durch Digitalisierung langweilige Tätigkeiten abnehmen, sollte das leichtfertige Einsetzen einer variablen Vergütung überdacht werden.

Daher kann eine variable Vergütung bei Personen, die langweilige Tätigkeiten oder Tätigkeiten, bei denen es auf die Quantität ankommt, empfohlen werden. Beispiele hierfür sind Mitarbeitende des Vertriebs oder wie oben bereits erwähnt, Akkordarbeitende in Fertigungshallen. Demgegenüber stehen Personen, die wissensintensive oder kreative Tätigkeiten ausüben. Hier kann keine variable Vergütung empfohlen werden. Ein Beispiel hierfür sind Mitarbeitende von Forschung und Entwicklung (Weibel und Sapegina, 2020).

### 3.6    Fehlende intrinsische Motivation bei Mitarbeitende

Klagen Führungskräfte über mangelnde intrinsische Motivation bei Mitarbeitenden, so können einige Maßnahmen ergriffen werden, um diese zu erhöhen. Becker (2019, S. 77) führt aus, dass die Führungskräfte eine entscheidende Rolle für eine motivierende Gestaltung des Arbeitsalltags spielen. Unter Berücksichtigung der organismischen Integration (siehe Kapitel 3.3) muss versucht werden, dass der Mitarbeitende sich auf dem Kontinuum der Selbstbestimmung bei der identifizierten Regulation befindet. Die Tätigkeiten müssen in Übereinstimmung mit den subjektiven Idealen und Werten stehen. Sollten die Mitarbeitenden stark auf Umweltschutz und auf Erhaltung der Natur und Ressourcen achten, so kann die Führungskraft diesen Aspekt aufgreifen und in die Unternehmenskultur integrieren. Zukünftig könnte man zum Beispiel einen internen Leitfaden für nachhaltiges Produzieren entwickeln. Noch besser ist die integrierte Regulation, die fließend in die intrinsische Motivation übergeht. Bei dieser Form gehört die Tätigkeit zum Selbstkonzept einer Person. Die Führungskraft muss den Mitarbeitenden klarmachen, dass die Aufgaben für das große Ganze relevant sind, dadurch wird die Bedeutsamkeit gesteigert. Um die Autonomie der Mitarbeitenden zu erhöhen, müssen Freiräume geschaffen werden, in denen sich die Mitarbeitenden ausprobieren und eigene Entscheidungen getroffen werden dürfen. Schließlich muss ein Kompetenzerleben erfahrbar gemacht werden. Dazu kann die Führungskraft den Mitarbeitenden Weiterbildungen und Lehrgänge anbieten, sowie von Anfang an auf eine intensive Einarbeitung zurückgreifen.

Außerdem trägt auch der Führungsstil zur Motivation bei. Wichtig hierbei ist die transformationale Führung, bei der nicht die Arbeitsleistung im Zentrum der Betrachtung steht, sondern der Mitarbeitende als Person selbst. Die transformationale Führung versucht durch emotionalisierende, sowie ambitionierte Visionen die Mitarbeitenden zu glühenden Anhängern der Unternehmensziele zu formen. Dabei muss berücksichtigt werden, dass Menschen grundsätzlich unterschiedlich sind und individuell betrachtet werden müssen (Becker, 2019, S. 78 - 80).

# Literaturverzeichnis

Atkinson, J.W. (1957): Motivational determinants of risk-taking behavior. *Psychological Review 64*, S. 359–372.

Bak, P. M. (2019) *Lernen, Motivation und Emotion: Allgemeine Psychologie II – Das Wichtigste, prägnant und anwendungsorientiert.* Springer Berlin Heidelberg. doi: 10.1007/978-3-662-59691-3

Becker, F. (2019). *Mitarbeiter wirksam motivieren. Mitarbeitermotivation mit der Macht der Psychologie.* Berlin: Springer. doi:10.1007/978-3-662-57838-4

Brandstätter, V. (o.D.). *Motivation.* Zugriff am 26.07.2021. Verfügbar unter https://www.spektrum.de/lexikon/psychologie/motivation/10004

Brandstätter, V., Schüler, J., Puca, R. M., & Lozo, L. (2013). *Motivation und Emotion: Allgemeine Psychologie für Bachelor.* Berlin Heidelberg: Springer.

Brandstätter, V., Schüler, J., Puca, R. M., & Lozo, L. (2018). *Motivation und Emotion: Allgemeine Psychologie für Bachelor.* (2. Aufl.). Berlin Heidelberg: Springer.

Burks, S., Carpenter, J. & Goette, L., Performance pay and worker cooperation: Evidence from an artefactual field experiment. *Journal of Economic Behavior & Organization*, 70, S. 458–469.

Cartwright, D. (1965). Influence, leadership, and control. In J. G. March (Hrsg.), *Handbook of organizations* (S. 1–47). Chicago: Rand McNally.

Deci, E. L., Koestner, R. & Ryan, R. M. (1999). A Meta-Analytic Review of Experiments Examining the Effects of Extrinsic Rewards on Intrinsic Motivation. *Psychological Bulletin*, 125, S. 627-668.

Deci, E. L. & Ryan, R. M. (1985). *Intrinsic motivation and self-determination in human behavior.* New York: Plenum Press.

French, J. R. P. & Raven, B. H. (1959). The basis of social power. In D. Cartwright (Hrsg.), *Studies in social power* (S. 150–167). Ann Arbor: The University of Michigan.

Frey, B. S. & Osterloh, M. (2000): Pay for Performance - Immer empfehlenswert? *Zeitschrift Führung und Organisation*, 69, S. 64-69.

Frey, B. S. & Osterloh, M. (2005): Yes, Managers Should Be Paid Like Bureaucrats. *Journal of Management Inquiry*, 14, S. 96-111.

Gmitrović, A. M., & Stevanović, M. I. (2015). Importance and role of internal communication in organizations. *Applied Mechanics and Materials*, 806, S. 302-307.

Hennecke, M. & Brandstätter V. (2016). Intrinsische Motivation. In N. Birbaumer, D. Frey, J. Kuhl, W. Schneider und R. Schwarzer (Hrsg.), *Soziale Motive und soziale Einstellungen*. Göttingen: Hogrefe

Kipnis, D. (1974). The powerholder. In J. T. Tedeschi (Hrsg.), *Perspectives on social power* (S. 82–122). Chicago: Aldine.

Kuvaas, B., Buch, R., Weibel, A., Dysvik, A. & Nerstad, C. G. (2017). Do intrinsic and extrinsic motivation relate differently to employee outcomes? *Journal of Economic Psychology*, 61, S. 244–258.

Schmalt, H. -D. & Heckhausen, H. (2010). Machtmotivation. In: Heckhausen, J. & Heckhausen, H. (Hrsg.): *Motivation und Handeln*, (4. Aufl). (S. 211–236). Berlin: Springer.

Vukonjanski, J., Nikolić, M., Hadžić, O., Terek, E., & Nedeljković, M. (2012). Relationship between GLOBE organizational culture dimensions, job satisfaction and leader-member exchange in serbian organizations. *Journal for East European Management Studies*, 17(3), S. 333-368. doi:10.5771/0949-6181-2012-3-333.

Weibel, A., Rost, K. & Osterloh, M. (2007). Gewollte und ungewollte Anreizwirkungen von variablen Löhnen: Disziplinierung der Agenten oder Crowding-Out? *Schmalenbachs Zeitschrift für betriebswirtschaftliche Forschung*, 59, S. 1029-1054.

Weibel, A. & Sapegina, A. (2019). Leistungsvariable Vergütung: Ein Instrument auf dem Prüfstand. *Controlling: Zeitschrift für erfolgsorientierte Unternehmenssteuerung*, 31, S. 4-10.

*Weibel, A., Rost, K. & Osterloh, M.* (2020). Pay for performance in the public sector – Benefits and (hidden) costs. *Journal of Public Administration Research and Theory*, 20, S. 387-412

Welte-Bardtholdt, C. (2015). Motivation und Volition. 1. Aufl., Studienbrief der SRH Fernhochschule. Riedlingen.